Johannes Ludwig Bergmann

Untersuchungen über die Hughes'sche Induktionswaage

Johannes Ludwig Bergmann

Untersuchungen über die Hughes'sche Induktionswaage

ISBN/EAN: 9783743694392

Hergestellt in Europa, USA, Kanada, Australien, Japan

Cover: Foto ©berggeist007 / pixelio.de

Weitere Bücher finden Sie auf **www.hansebooks.com**

Untersuchungen
über die
Hughes'sche Induktionswage.

Inaugural-Dissertation

zur

Erlangung der philosophischen Doctorwürde

der

vereinigten Friedrichs-Universität Halle-Wittenberg

verfasst

und mit Genehmigung der Facultät zugleich mit den Thesen
öffentlich zu vertheidigen

Montag, den 19. Oktober 1885, Mittags 12 Uhr

von

Johannes Bergmann
aus Heiligenstadt (Eichsfeld).

Referent: Herr Geh. R. R. Prof. Dr. Knoblauch.

Opponenten:

A. Zörner, cand. rer. mont.
G. Kötschau, Dr. philos.

Halle a. S.
Druck von Hermann Köhler.
1885.

Seinem hochgeehrten Lehrer,

Herrn Prof. Dr. A. Oberbeck

in aufrichtiger Dankbarkeit

gewidmet

vom

Verfasser.

§. 1.
Einleitung.

Unter den verschiedenen Anwendungen, welche in der Wissenschaft und im praktischen Leben von den Induktionserscheinungen seit ihrer Entdeckung durch Faraday gemacht wurden, stehen die Fälle ziemlich vereinzelt da, in welchen man einen inducirten elektrischen Strom durch einen anderen Induktionsstrom compensirt und der Störung der Compensation durch induktionsfähige Körper sich bedient, um speziellere Eigenschaften der letzteren zu erforschen und zu untersuchen. Als induktionsfähig oder inducirbar sollen hier alle Körper bezeichnet werden, in welchen überhaupt elektrische Ströme inducirt werden können. Dahin gehören Drahtrollen und Drahtspiralen, deren Enden leitend mit einander verbunden sind, ferner alle Körper aus magnetischen und nicht magnetischen Metallen oder Metalllegirungen in beliebiger Form; sodann die Flüssigkeiten, welche die Elektricität leiten; auch gewisse Kohle und dergl.

Von dem Compensationsprinzip der Induktionsströme hat zuerst Dove Gebrauch gemacht und darauf die Construktion seines Differentialinduktors gegründet[1]). Behufs Anwendung dieses Apparates zu Untersuchungen über die Eigenschaften induktionsfähiger Körper muss man mit Sicherheit constatiren können, in welchem Maasse dieselben eine Störung der Compensation zwischen den Induktionsströmen des Differentialinduktors bewirken. Dove gebrauchte als Prüfungsmittel für

---
[1]) Pogg. Ann. B. XLIX. und LIV.

die Grösse der Störung die durch die Stromdifferenzen hervorgebrachten physiologischen Wirkungen. Grössere oder geringere Störungen konnten auf diese Weise wohl unterschieden werden, ein eigentliches Messen aber war von einer so unzulänglichen Methode nicht zu erwarten. Toepler und Ettingshausen, welche einige Jahre später mit Hilfe eines dem Dove'schen ähnlichen Differentialinduktors die durch diamagnetische Polarität hervorgebrachten elektrischen Wirkungen untersuchten und Messungen anstellten über das diamagnetische Moment des Wismuths[1]), haben als messendes Instrument das Galvanometer benutzt. Da die Funktion des Differentialinduktors aber auf Wechselströmen beruht, so mussten sie noch einen dritten als Disjunktor dienenden Apparat construiren, welcher die abwechselnd in der einen und anderen Richtung auftretenden Induktionsströme des Differentialinduktors stets in derselben Richtung nach dem Galvanometer führte. Die Induktionsstösse lenkten dann, wenn sie schnell genug aufeinander folgten, und der Disjunktor gut fungirte, die Galvanometernadel ab wie ein continuirlicher Strom, und die Compensationsstörungen liessen sich nun vermittels Skala und Fernrohr mit der gewünschten Genauigkeit beobachten. Obwohl diese Beobachtungsmethode gänzlich verschieden war von derjenigen, nach welcher Weber einige Zeit vorher Untersuchungen angestellt hatte über denselben Gegenstand, so stimmten ihre Resultate so gut mit den von Weber gefundenen überein, als es bei so genauen Beobachtungen nur erwartet werden konnte. Schon daraus dürfte hervorgehen, ein wie hohes Interesse sich an die Untersuchungen mit dem Differentialinduktor knüpft. Wenn nach der Methode von Toepler und Ettingshausen in der Folgezeit Beobachtungen nicht mehr angestellt wurden, so erklärt sich das aus den mechanischen Schwierigkeiten, welche bei Anwendung von Disjunktoren stets überwunden werden müssen.

---

[1]) Pogg. Ann. B. CLX.

Der Differentialinduktor schien von Neuem und diesmal in allgemeinere Anwendung kommen zu sollen, als E. Hughes, der Erfinder des Typendrucktelegraphen, die Induktionswage erfand. Die Construktion dieses Apparates unterscheidet sich, von der äusseren Form der Rollen abgesehen, in Nichts von dem Differentialinduktor, und ist Induktionswage nur ein anderer Name für den Dove'schen Apparat. Die von Hughes vorgenommene Abänderung bestand allein darin, dass er das von Toepler und Ettingshausen gebrauchte Galvanometer durch das Telephon ersetzte. Dadurch wurde aber der Disjunktor entbehrlich, und die Anwendung des Differentialinduktors wesentlich erleichtert.

Die Originalarbeit, in welcher Hughes seinen Apparat und die mit demselben angestellten Versuche beschreibt, findet sich im Philos. Magaz. ser. 5. VIII. 1879. p. 50.

Nachdem die Hughes'sche Erfindung bekannt geworden war, beschäftigten sich sogleich mehrere Physiker mit Studien über die Induktionswage und veröffentlichten Abhandlungen theils theoretischen, theils experimentellen Inhalts über dieselbe. Besonders zu nennen sind, soweit mir bekannt, Lodge, Roberts und Bertin.

Lodge giebt eine mathematische Theorie der intermittirenden Ströme im Allgemeinen und macht Anwendungen davon auf die Induktionswage[1]). Indessen enthält seine Arbeit nichts von einer experimentellen Prüfung der Resultate, zu welchen er durch die mathematische Betrachtung kommt.

Roberts hat die Wirkungen einiger Legirungen auf die Induktionswage untersucht. Auch weist er hin auf eine Analogie zwischen dem Leitungsvermögen für Wärme und dem Induktionswagen-Effekt gewisser Kupferzinnlegirungen[2]).

Bertin giebt einen historischen Bericht über die Induktionswage und beleuchtet theilweise die Hughes'schen Resultate[3]).

---

[1]) Philos. Magaz. ser. 5. IX. 1880.
[2]) ibid. ser. 5. VIII. 1879.
[3]) Ann. de chim. et de phys. ser. 5. tom. XIX.

Da mit dem neuen Apparate bisher nur untersucht worden war, welchen Einfluss Metalle und Metalllegirungen auf die Induktion ausüben, so schien es angezeigt, diese Untersuchungen auch auf andere inducirbare Körper auszudehnen. Auf Anregung des Herrn Prof. Dr. Oberbeck wurde zu dem Zwecke vom Herrn Mechaniker Wesselhöft in Halle a/S. eine Induktionswage construirt und mir zur Verfügung gestellt. Mit derselben wiederholte ich zunächst die sämmtlichen Experimente, welche Hughes mitgetheilt hat, und diese gelangen mit wenigen Ausnahmen ohne Mühe. Als ich darauf aber nach den von Hughes angegebenen Methoden bei einigen Körpern den Einfluss auf die Induktion auch näher zu bestimmen versuchte, traf ich auf ganz erhebliche Schwierigkeiten und gewann sehr bald die Ueberzeugung, dass jene Methoden zu derartigen Untersuchungen nicht geeignet sind. Ich sah mich deshalb veranlasst, erst andere Wege festzustellen, welche den ursprünglichen Plan mit mehr Erfolg durchzuführen gestatten würden. Untersuchungen über diesen Punkt bilden den Gegenstand der vorliegenden Arbeit. In dem ersten Theile derselben wird über die Anwendung und die verschiedenen Formen der Induktionswage berichtet; im zweiten Theile wird erörtert, inwiefern die Induktionswage in Verbindung mit dem Telephon eine erfolgreiche Verwendung finden kann, und welche Mängel den von Hughes vorgeschlagenen Untersuchungsmethoden anhaften. Der dritte Theil enthält die zur Feststellung neuer Methoden ausgeführten Versuche, sodann die Methoden selbst und einige Anwendungen; endlich die Theorie der Versuchsanordnungen, welche getroffen wurden. Aus dieser Theorie ist ersichtlich, wie die Sicherheit der Beobachtungen, welche nach der ersten der neu aufgestellten Methoden ausgeführt werden, durch die weiter unten im dritten Theile beschriebenen Rechnungen controllirt werden kann.

Erster Theil.

§. 2.

Die Compensation der Induktionsströme und die Anwendung der Störung derselben durch induktionsfähige Körper als Forschungsmittel.

Es dürfte zweckmässig sein, an einem einfachen Schema, ähnlich wie es Dove gethan hat, zu erläutern, auf welche Weise die Compensation der Induktionsströme zu Stande kommt. In den Schliessungsbogen einer Kette E Fig. 1. sind ein Stromunterbrecher U und zwei elektrische Leiter a und α so eingeschaltet, dass der Strom in demselben Sinne durch sie hindurchgeht. In der Nähe von a und α befinden sich zwei andere Leiter b und β, deren Enden $MNOP$ unter einander verbunden sind. Da hierdurch ein geschlossener Stromkreis entsteht, so werden beim Oeffnen und Schliessen des Kettenbogens durch den Unterbrecher von a und α Induktionsströme in b und β erregt. Betrachten wir von diesen zunächst die Oeffnungsströme.

Weil dieselben mit dem inducirenden Strome gleichgerichtet sind, so werden wegen der Richtung des letzteren in a und α auch b und β in demselben Sinne vom Induktionsstrome durchflossen. Die Verbindung von b und β lässt sich aber auf zweierlei Weise herstellen: entweder verbindet man N mit O und M mit P, oder man verbindet kreuzweise M mit O und N mit P. Im ersten Falle addiren sich die Induktionsströme, im zweiten Falle wirken sie einander entgegen, sodass man ihre Differenz erhält.

Werden a und α unter sich in entgegengesetztem Sinne vom Kettenstrome durchflossen, so erhält man die Summe der Induktionsströme in b und β durch die Verbindung NP und MO, ihre Differenz durch die Verbindung NO und MP.

Das von den Oeffnungsströmen Gesagte gilt auch von den Schliessungsströmen, weil sie sowohl in b, wie in β die dem inducirenden Strome entgegengesetzte Richtung haben.

Die zwei Leiter b und β kann man auch durch einen einzigen ersetzen, dessen Enden leitend verbunden werden. Fig. 2. stellt eine solche Anordnung dar. Hier sind c und γ die inducirenden, d der inducirte Leiter. Bei dieser Anordnung muss der inducirende Strom durch c und γ stets in entgegengesetztem Sinne hindurchgehen, wenn die Differenz der Induktionsströme erhalten werden soll. Bei Anwendung von vier Leitern war noch eine andere Combination möglich.

Durch passende Wahl geeigneter Leiter oder durch Reguliren ihrer Abstände kann man bewirken, dass die von a und α inducirten Ströme bezüglich ihrer Intensität gleich sind. Ihre Wirkungen innerhalb der Leitungsdrähte von b nach β heben sich alsdann auf, der Compensationspunkt ist erreicht, und man hat in dem Systeme „Stromgleichgewicht".

Bringt man jetzt zwischen a und b in Fig. 1. einen induktionsfähigen Körper, so wird durch seine Rückwirkung auf b das bestehende Stromgleichgewicht gestört. Die Rückwirkung auf a kommt nicht weiter in Betracht. Denn wenn der inducirende Kreis geschlossen ist, so wird der Einfluss der Rückwirkung des störenden Körpers auf a auch sofort auf α übertragen, sodass die inducirende Wirkung beider Leiter fast gleichzeitig dieselbe Aenderung erfährt. Wenn aber der inducirende Kreis geöffnet ist, so findet eine Rückwirkung des störenden Körpers auf a überhaupt nicht statt, weil in einem nicht geschlossenen Stromkreise Induktionsströme nicht erregt werden können.

Jenachdem nun die Induktionsströme in b durch den störenden Körper eine Verstärkung oder Schwächung erfahren haben, giebt sich das Streben nach Ausgleichung in dem Ueberströmen von Elektricität von b nach β, oder in der umgekehrten Richtung zu erkennen. Das Stromgleichgewicht wird aber wieder hergestellt werden, wenn man den störenden Einfluss des betreffenden Körpers in entsprechender Weise compensirt. Das würde man im Allgemeinen erreichen, indem man auf der Seite $\alpha\beta$ die Induktionsströme in β in demselben Maasse, wie es bei b geschah, schwächt oder verstärkt, oder indem man auf der Seite ab dem schwächenden Einfluss eine gleich grosse Verstärkung, dem verstärkenden Einfluss eine gleich grosse Schwächung entgegenstellt.

Die bisherigen Betrachtungen, welche sich auf ein Schema mit vier Leitern beziehen, lassen sich ohne eine wesentliche Aenderung auch anwenden auf ein solches mit nur drei Leitern, wie Fig. 2. darstellt.

Die Störung des Stromgleichgewichts durch einen inducirbaren Körper ist eine Folge der in demselben inducirten elektrischen Ströme, welche nach den Ampère'schen Gesetzen auf die Induktionsströme in b zurückwirken; und, wenn der Körper magnetisirbar ist, ausser den elektrischen Strömen auch des in ihm inducirten Elektromagnetismus — also überhaupt der Induktion, wenn das Wort ebenso, wie induktionsfähig, in seiner weitesten Bedeutung gebraucht wird. Die Induktion wird aber durch eine Reihe verschiedener Umstände, wie Masse, Gestalt, Dichtigkeit der Körper, Temperatur, Leitungsvermögen für Elektricität u. s. w. modificirt. Daher besitzen wir in ihr ein Mittel, mit welchem sich über alle diesbezüglichen Fragen Forschungen anstellen lassen. Zur Ausführung derselben muss man aber, wie schon in der Einleitung hervorgehoben wurde, im Stande sein, die Grösse der Störung in exakter Weise messen zu können.

Die Vortheile dieser Methode sind augenscheinlich. Da man den zu untersuchenden Körper nur in einen gewissen Induktionsbereich zu führen hat, ohne ihn mit den elektrischen Leitern in Verbindung bringen zu müssen, so fallen alle die lästigen Schwierigkeiten fort, welche durch Contakte verursacht werden. Das ist z. B. wesentlich bei Flüssigkeiten, deren Berührung mit den Elektroden, und daher auch Polarisationserregung hier ausgeschlossen ist.

§. 3.
Die Hughes'schen Apparate und die mit ihnen vom Erfinder angestellten Versuche.

Zur Anwendung der Induktionswage sind nach Hughes erforderlich: 1) die eigentliche Induktionswage, 2) das Sonometer, 3) ein Telephon, 4) eine Kette mit einem Stromunterbrecher. Die beiden ersten Apparate lassen sich nach den Erläuterungen zu Anfang des vorigen Paragraphen mit wenigen Worten beschreiben.

Denkt man sich an Stelle der vier Leiter in Fig. 1. vier entsprechende Rollen aus isolirtem Kupferdraht, so hat man die Induktionswage in ihrer wesentlichen Form. Für a und α sind die inducirenden, für b und β die Induktionsrollen zu setzen. Je eines der Rollenpaare ist auf einem röhrenförmigen Halter aus isolirendem Material befestigt. Die Halter selbst werden in einer so grossen Entfernung von einander aufgestellt, dass jede gegenseitige Störung der Rollenpaare ausgeschlossen ist. Die Dimensionen der Rollen waren von Hughes so gewählt, dass der äussere Durchmesser $5^1/_2$ cm, der innere 3 cm und die Tiefe 1 cm betrug. Die Rollen enthielten 100 Windungen isolirten Kupferdrahtes und waren bei jedem Paare 5 mm von einander entfernt.

Das Sonometer besteht aus drei Rollen von isolirtem Kupferdraht, welche an Stelle der drei Leiter c, γ und d in Fig. 2. zu setzen sind. Ein passendes Gestell aus Holz trägt in horizontaler Richtung einen graduirten Stab; auf demselben sind in 40 cm Entfernung die beiden inducirenden Rollen befestigt, und zwischen beiden ist die Induktionsrolle verschiebbar. Das Sonometer kann man auch ansehen als ein zweites Arrangement der Induktionswage.

Das Telephon wird in den Induktionskreis der Induktionswage, oder beim Sonometer in den Schliessungsdraht der Induktionsrolle eingeschaltet. Es soll ausschliesslich als anzeigendes Instrument gebraucht werden, nicht etwa, um die Grösse der Stromgleichgewichtsstörung zu messen.

Als Stromquelle dient eine Kette von drei Daniell'schen Elementen, und als Unterbrechungsvorrichtung ein Mikrophon, welches durch das Ticken einer Uhr erschüttert wird.

Hughes und Bertin haben ihren Abhandlungen eine vollständige Zeichnung des gesammten Apparates beigegeben. Da derselbe auch sonst noch mehrfach dargestellt ist, cf. z. B. Zeitschrift für angewandte Elektricitätslehre, I. Jahrg. Bd. 1. 1879. p. 291, so möge hier das Grundschema Fig. 3. für die Induktionswage, Fig. 4. für das Sonometer genügen. Bezeichnet man als primären Stromkreis denjenigen, welcher die Kette E, den Unterbrecher U und die inducirenden Rollen A und B enthält, so befinden sich im secundären Kreise die Induktionsrollen C und D, und das Telephon T. Beim Sonometer fällt die Rolle D fort.

Sind die Rollen so eingeschaltet, dass die Induktionsströme sich compensiren, so hat man zum Experimentiren nur den Unterbrecher in Thätigkeit zu setzen und dem Ohr das Telephon zu nähern. Durch absolutes Schweigen zeigt dasselbe an, wenn Stromgleichgewicht vorhanden ist. Dagegen fängt es sofort zu tönen an, wenn in der Induktionswage das bestehende Stromgleichgewicht durch die Gegenwart eines inducirbaren Körpers gestört worden ist.

Der Punkt auf der Skala des Sonometers, an welchem sich die Rolle C befinden muss, wenn die Compensation der Induktionsströme eintreten soll, ist ein ganz bestimmter; die geringste Verschiebung von C nach der einen oder anderen Seite veranlasst ohne Weiteres das Tönen des Telephons. Was die Töne anbetrifft, so werden sie bei der Induktionswage durch die Art der Stromgleichgewichtsstörung, beim Sonometer durch die Grösse der Verschiebung der Rolle C modificirt.

Hughes hat die nachfolgenden Versuche angegeben, um die grosse Empfindlichkeit und ausgedehnte Anwendbarkeit der Induktionswage nachzuweisen.

I. Ein beliebiger leitungsfähiger Körper aus irgend einem Metall: Silber, Kupfer, Eisen etc., welcher nach Herstellung des Stromgleichgewichts zwischen die Rollen eines Paares gebracht wird, bringt das Telephon zum Tönen, auch wenn die Menge des betreffenden Metalles sehr klein ist.

II. Wird gleichzeitig ein zweiter Körper in der erforderlichen Stellung zwischen die Rollen des anderen Paares gehalten, so schweigt das Telephon, wenn beide Körper in jeder Beziehung von derselben Beschaffenheit sind. Dagegen wird es die geringste Verschiedenheit, z. B. des Materials, der Gestalt, der Temperatur u. s. w. durch sein Tönen sofort anzeigen. Hughes will auf diese Weise sogar die Temperaturdifferenzen zweier Schillinge bemerkt haben, welche entstanden, wenn er die Schillinge zwischen den Fingern rieb, oder wenn er in der Nähe der Rollen athmete.

III. Hält man eine flache Spirale aus Kupferdraht von der in Fig. 5. dargestellten Form zwischen die Rollen, so schweigt das Telephon, wenn die Enden derselben nicht mit einander verbunden, bringt dagegen einen Ton hervor, wenn ihre Enden mit einander leitend verbunden sind. Der Ton erreicht das Maximum der Intensität, wenn die Axe der Spirale mit der Axe der Rollen, das Minimum, wenn der Durchmesser der Spirale mit der Axe der Rolle zusammenfällt.

IV. Die entgegengesetzten Erscheinungen zeigen sich, wenn man anstatt der Kupferspirale eine solche aus Eisendraht anwendet. In diesem Falle tönt das Telephon immer, gleichgültig, ob ihre Enden verbunden sind oder nicht. Der Ton erreicht jetzt das Maximum der Intensität, wenn der Durchmesser der Spirale mit der Rollenaxe, das Minimum, wenn ihre Axe mit der Rollenaxe zusammenfällt. Wie die Spiralen aus Kupfer- und Eisendraht, so wirken auch alle nichtmagnetischen und magnetischen Metalle in Scheibenform.

Den Induktionsbereich hat Hughes durch Einführen von Metallkörpern in die Rollen untersucht. Von einer Mittheilung der Ergebnisse dieser Untersuchungen glaube ich aber absehen zu können, da der Induktionsbereich je nach der Form und Grösse der Rollen verschieden ist.

§. 4.
Die von Hughes angegebenen Methoden, die Grösse der Stromgleichgewichtsstörungen zu messen.

Hughes wollte mit der Induktionswage den Einfluss der verschiedenen Metalle auf die Induktion ermitteln und hat, um zu diesem Zwecke in der erforderlichen Weise die Grösse der Stromgleichgewichtsstörungen messen zu können, besonders zwei Methoden angewandt.

Die erste und hauptsächlichste gründet sich auf die Anwendung des Sonometers. Dasselbe wird mit der Induktionswage nach dem in Fig. 6. dargestellten Schema verbunden; A, B, C und D sind die Rollen der Induktionswage, H, I, K diejenigen des Sonometers. Durch eine Vorrichtung bei G kann man die Verbindung UGD oder UGK herstellen. In dem einen Falle geht der Strom der Kette E durch den Unterbrecher U, die Rollen D und A und über F nach E zurück, so dass der primäre Kreis der Induktionswage; im anderen Falle durch U, K und H über F nach E zurück, sodass der primäre Kreis des Sonometers geschlossen wird. Der Kreis mit den Rollen B, C, I und dem Telephon T bildet gleichzeitig den secundären Kreis für beide Apparate und bleibt immer geschlossen. Die Anordnung gestattet also, jenachdem U mit D oder K verbunden wird, Induktionswage und Sonometer in rascher Aufeinanderfolge zu gebrauchen. Zeigt nun das Telephon eine Störung des Stromgleichgewichts in der Induktionswage durch einen inducirbaren Körper an, so hat man das Sonometer einzuschalten und die Rolle I vom Compensationspunkte aus soweit nach einer der Rollen H oder K zu verschieben, bis der durch die Verschiebung im Telephon verursachte Ton an Intensität gleich demjenigen ist, welchen die Störung in der Induktionswage hervorbrachte. Die Anzahl der Skalentheile der Verschiebung giebt dann das Maass für die Grösse der Störung ab.

Nach dieser Methode hat Hughes mehrere Metalle, alle in Gestalt und Grösse eines Schillings, untersucht und eine

Reihe aufgestellt. Für die „comparative disturbing value" findet er z. B. bei

Silber (chemisch rein) 125
Gold 117
Kupfer 100
Zink 80
Blei 38
Quecksilber 30
Schwefel mit Eisen legirt . . . 20
u. s. f.

Die Zahlen geben die Anzahl der Skalentheile der Sonometerskala an, um welche die Rolle J bei den einzelnen Metallen verschoben werden musste, und zwar in mm.

Nach der zweiten Methode wird die Störung auf einer Seite der Induktionswage direkt auf der anderen Seite compensirt und zwar in der Weise, dass ein Metallkeil zwischen die Rollen geführt wird. Dass bei dieser Compensation das Telephon völlig zum Schweigen gebracht werden soll, sagt Hughes nicht geradezu; aber bei Bertin finden sich die Worte: „éteindre le son produit par un métal au moyen d'un autre corps." Der Effekt des zur Compensation erforderlichen Metallkeiles würde nun noch mit Hilfe des Sonometers zu ermitteln sein. Hughes will auf diese Weise für die verschiedenen Metalle dieselben Werthe gefunden haben, welche er nach der ersten Methode erhielt.

Zweiter Theil.
Eigene Untersuchungen über die Induktionswage in Verbindung mit dem Telephon.

§. 5.

Beschreibung der Apparate.

Bei meinen Versuchen mit der Induktionswage in Verbindung mit dem Telephon habe ich nur einen Theil der Resultate bestätigt gefunden, welche Hughes in seiner Arbeit angiebt. Die Apparate, welche ich dabei gebrauchte, weichen von den Hughes'schen in der Form ab; sie mögen deshalb erst kurz beschrieben werden.

Die Construktion der Induktionswage ist folgende. Ein geeignetes Holzgestell trägt in horizontaler Richtung einen 80 cm langen, graduirten Stab, auf welchem vier Hülsen mittels isolirter Handhaben verschiebbar sind. An den freien Enden der letzteren sind die vier für die Induktionswage erforderlichen Rollen befestigt. Der äussere Durchmesser der Holzspulen für die Rollen beträgt 90 mm, der innere 20 mm, die Tiefe 34 mm. Von den beiden Randscheiben der Spulen hat die eine, welche zur Befestigung an die Handhabe dient, eine Dicke von 14 mm, die andere ist nur 4 mm stark, um die Drahtwindungen der Rollen desselben Paares einander möglichst nahe bringen zu können. Auf die Spulen sind bei den inducirenden Rollen 200 Windungen von 1 mm starkem, bei den Induktionsrollen 500 Windungen von 0,5 mm starkem, isolirtem Kupferdraht gewickelt. Die Drahtenden sind nach den Hülsen geführt und dort mittels Klemmschrauben befestigt. Diese Form der Induktionswage war gewählt worden, um die Untersuchungen mit derselben nicht auf Körper von kleineren Dimensionen beschränken zu müssen.

Von den drei Sonometerrollen haben die inducirenden dieselben Dimensionen, wie bei der Induktionswage, nur ist die Anzahl der Windungen auf 350 gesteigert. Die Induktionsrolle enthält 2000 Windungen des dünnen Kupferdrahtes, ist 32 mm tief und auf beiden Seiten von 5 mm starken Randscheiben begrenzt. Ihr äusserer Durchmesser beträgt auch 90 mm. Alle drei Rollen sind auf dem Stabe verschiebbar.

Die nicht sehr zweckmässige Hughes'sche Stromunterbrechungsvorrichtung ersetzte schon Bertin durch ein gezahntes Rad mit Schleifcontakt, welches von einem Uhrwerke getrieben wurde. Ich habe mich stets des von Bernstein construirten Unterbrechers[1] bedient, der an Regelmässigkeit

---

[1] Ausführlich beschrieben in des Verfassers „Untersuchungen über den Erregungsvorgang im Nerven- und Muskelsysteme". pag. 98. Heidelberg, C. Winter's Universitätsbuchhandlung. 1871.

der Funktion alle anderen versuchten Unterbrechungsvorrichtungen übertraf. Seine wesentlichen Bestandtheile sind aus Fig. 7. ersichtlich. Eine Stahllamelle AB, welche in dem verstellbaren Halter DC bei D festgeklemmt wird, trägt an dem Ende A einen Platinstift. Durch Eintauchen desselben in den Quecksilbernapf N wird der Strom geschlossen, und dann die Lamelle durch den Elektromagnet E in Schwingungen versetzt. Der Apparat hat ausser seiner regelmässigen Thätigkeit vor anderen noch den Vorzug, dass man durch Verschieben der Lamelle bei D, wobei zugleich auch die Stellung von DC und die Entfernung EN den Amplituden von AD entsprechend zu ändern ist, die Anzahl der Stromunterbrechungen in der Zeiteinheit innerhalb gewisser Grenzen beliebig verändert werden kann. Die Grenzen werden noch dadurch erweitert, dass sich BA sehr leicht durch schwächere oder stärkere Lamellen ersetzen lässt.

Das Telephon, welches ich anfänglich gebrauchte, war ein gewöhnliches Telephon Bell'scher Construktion, später wurde es aber mit einem Siemens'schen Hufeisentelephon vertauscht. Es ist eine bekannte Erscheinung, dass die Telephontöne von einem unangenehmen, knarrenden Geräusche begleitet werden, wenn in den Leitungen an irgend einer Stelle Funken überspringen. Deshalb wurde an dem Unterbrecher der Quecksilbernapf N durch eine Zweigleitung aus dünnem Neusilberdraht mit D verbunden. Dadurch wurde der Unterbrechungsfunken soweit abgeschwächt, dass die Telephontöne vollständig rein waren.

§. 6.
Intensität des Telephontones, Herstellung und Störung des Stromgleichgewichts.

Nach p. 11. ist die Intensität des Telephontones, welcher durch die Störungen des Stromgleichgewichts verursacht wird, für die Untersuchungen der maassgebende Faktor. Deshalb möge der folgende Versuch dazu dienen, von jener Intensität eine annähernde Vorstellung zu geben.

Von den oben beschriebenen Rollen der Induktionswage stellte ich eine inducirende und eine Induktions-Rolle in der Anordnung Fig. 3, — aus welcher also jetzt ein Rollenpaar hinweg zu denken ist —, conaxial gegenüber und liess sie auf einander einwirken. Dann war der Telephonton bei einem Abstande der Rollen von 0—35 mm noch auf 8 m Entfernung deutlich hörbar; 35—55 mm, wenn man das Telephon in der Hand hielt; 55—155 mm, wenn man es dem Ohr näherte; 150--450 mm, wenn man es dicht an das Ohr hielt; bei 450—850 mm war angestrengtes Horchen erforderlich, bis endlich bei 1 m Abstand der Rollen ein Ton nicht mehr wahrzunehmen war. Die Zahlen für die Abstände der Rollen geben selbstverständlich nur den ungefähren Verlauf der Intensitätsabnahme des Tones an und sind in keiner Weise scharf markirt. Obgleich demnach bei kleineren Abständen der Rollen — von grösseren ganz abgesehen — die Induktionsströme verhältnissmässig stark sind, so war es weder bei der Induktionswage noch beim Sonometer mit irgend welchen Schwierigkeiten verbunden, den Compensationspunkt für die Rollen allein so genau festzustellen, dass das Telephon vollständig schwieg. Bei der ersteren befestigte ich drei Rollen in einer gewünschten Entfernung und verschob die vierte Rolle so lange, bis an dem absoluten Schweigen des Telephons die Erreichung des Compensationspunktes zu erkennen war; bei dem Sonometer verfuhr ich in ähnlicher Weise.

Ebenso wie die Versuche, das Stromgleichgewicht herzustellen, liessen sich mit Erfolg leicht diejenigen ausführen, bei welchen es auf die Störung desselben durch inducirbare Körper allein ankam. Man konnte aus ihnen erkennen, dass die Empfindlichkeit der Induktionswage sehr gross, und das Telephon auch ein sehr geeignetes Instrument ist, um sie zum Ausdruck zu bringen. So war noch deutlich ein Ton wahrzunehmen, wenn bei einem Abstande der Rollen eines Paares von 12 mm das Stromgleichgewicht durch ein Zwanzigpfennig-Stück, ein 4 qcm grosses Stanniolblatt oder ein Stückchen Eisendraht von 3 mm Länge und 0,5 mm Durchmesser gestört wurde.

Die Maxima der Tonintensität für die verschiedenen Stellungen der Scheiben und flachen Spiralen, auf welche Hughes in der Beschreibung seiner Versuche hinweisst, kann man gleichfalls leicht herausfinden. Was die Minima betrifft, so hängt es von den Eigenschaften des eingeschalteten Körpers ab, ob ein Minimum auftritt oder der Ton ganz verschwindet. Das letztere fand statt bei nicht magnetischen Körpern von so kleinen Dimensionen, dass sie in der betreffenden Stellung eine wahrnehmbare Störung überhaupt nicht mehr verursachten.

Magnetische Körper zeigen nur ein Minimum der Intensität, weil der in ihnen inducirte Magnetismus über die elektrische Induktion überwiegt. Daraus erklärt sich auch ihr allgemeines von nicht magnetischen Körpern verschiedenes Verhalten.

Körper, welche die Elektricität nicht leiten, bewirken keine Störung des Stromgleichgewichts, wenn sie zwischen die Rollen gebracht werden. So bemerkte ich keine Störung durch Holz, Kautschuck, Glasplatten; bei letzteren auch nicht, wenn sie stark erwärmt wurden. Ein Stück Kohle, welches als Elektrode eines Bunsen'schen Elementes gedient hatte und mit Säure getränkt war, bewirkte, wie man erwarten konnte, sofort das Tönen des Telephons.

§. 7.
Ueber die Hughes'schen Methoden, die Grösse der Stromgleichgewichtsstörung zu messen.

Obwohl die Induktionswage in Verbindung mit dem Telephon eine grosse Vollkommenheit nach der im vorigen Paragraphen besprochenen Richtung hin besitzt, so lassen die von Hughes angegebenen Methoden, die Grösse der Stromgleichgewichtsstörungen zu messen, in ihrer vorliegenden

Form sehr viel zu wünschen übrig. Bei der Anwendung derselben zu messenden Untersuchungen treten nämlich sogleich so grosse Fehlerquellen zu Tage, dass man sich zu genauen Messungen wenig geneigt fühlt. Ich will die hauptsächlichsten Punkte angeben, welche die Methoden als mangelhaft erscheinen lassen.

Bei der ersten Methode ist es selbst für ein feines und geübtes Gehör mit grossen Schwierigkeiten verbunden, die Gleichheit der Intensität der zu vergleichenden Töne abzuschätzen. Man überzeugt sich am besten hiervon durch den Versuch. Indessen bemerkt schon Hughes selbst, dass er es bei lauten Tönen schwierig gefunden hätte, Bruchdifferenzen auf der Sonometerskala abzuschätzen. Bertin, welcher mit einer vom Erfinder bezogenen Induktionswage experimentirt hat, sagt gleichfalls, dass die Messungen, welche Hughes leicht fände, in Wirklichkeit sehr schwer seien.

Aus der Schwierigkeit der Abschätzung erwächst aber ein weiterer Uebelstand, nämlich erhebliche Ungenauigkeit der Werthe, welche die Grösse der störenden Wirkung in Skalentheilen des Sonometers ausdrücken. Ich versuchte den Effekt einer Kupferscheibe von 50 mm Durchmesser und 1,2 mm Dicke zu bestimmen. Nach Herstellung des Stromgleichgewichts in dem Sonometer betrug der Abstand der Induktions-Rollen 195 mm, die Entfernung von A und C Fig. 4. 80 mm. Nachdem die Gleichheit der Intensitäten beider Töne mit möglichster Sorgfalt abgeschätzt worden war, ergab sich für die Grösse der Verschiebung von C nach A hin: 14 bis 18 mm, also eine in Anbetracht der geringen Verschiebung sehr ungenaue Werthbestimmung.

Versucht man nach der zweiten Methode die Grösse der Stromgleichgewichtsstörung aus der zu ihrer Compensation erforderlichen Metallmenge zu ermitteln, so kommt es nach pag. 12. darauf an, durch hinlängliches Compensiren den Ton im Telephon zum Verschwinden zu bringen. Dann entsteht aber die Frage, ob es überhaupt möglich ist, jede beliebige

Störung in dieser Weise zu compensiren. Um auf experimentellem Wege hierüber Aufschluss zu erlangen, führte ich Compensationsversuche mit Stanniolblättern von demselben Material aus, welche zwischen Glasstafeln gepresst und so zwischen die Rollen gebracht wurden. Die Stanniolblätter überragten die Rollen so weit, dass jeder nachtheilige Einfluss infolge eventueller Verschiedenheit der Stellung ausgeschlossen war.

Das Telephon schwieg nun vollständig, wenn die Anzahl der Stanniolblätter zwischen beiden Rollenpaaren gleich und klein war, etwa 1—8 Blätter, im anderen Falle trat nur ein Minimum der Tonintensität auf. In ähnlicher Weise war nur ein Minimum zu bemerken bei dem Versuch, vermittels einer entsprechenden Zahl von Stanniolblättern die Störung der auf p. 17. beschriebenen Kupferscheibe zu compensiren.

Diese Ergebnisse entsprechen ganz den Erscheinungen, auf welche Hughes im Anschluss an die Beschreibung seiner Versuche hinweist. Es sei, sagt er unter Anderem, ein bemerkenswerther Unterschied in der Schnelligkeit der Wirkung — rapidity of action — zwischen allen Metallen; Silber besitze eine ausserordentliche Schnelligkeit, und die Induktionsströme von hartem Stahl oder stark magnetisirtem Eisen seien viel rascher — rapid —, als die von reinem, weichem Eisen. Ferner lasse sich Eisen nur durch eine gleich grosse solide Masse, nicht aber durch feine Eisendrähte compensiren.

Die Thatsachen berechtigen zu dem Schluss, dass vollständiges Compensiren bis zum Schweigen des Telephons, wie ja auch a priori zu erwarten ist, nur dann stattfinden kann, wenn auf beiden Seiten der Induktionswage ganz identische Verhältnisse vorhanden sind. Wenn die Störung einer grösseren Anzahl von Stanniolblättern durch ebenso viele aus demselben Material nicht mehr compensirt wurde, so spricht der Versuch um so entschiedener für die Richtigkeit der Folgerung, zumal bei einer kleineren Anzahl offenbar die Identität weit eher erreicht wird, als bei einer grösseren.

Sind die Bedingungen der Identität nicht erfüllt, so scheitert die Methode an den Phasenverschiebungen der elektrischen Schwingungen, welche infolge der Stromgleichgewichtsstörungen auftreten. Sie sind die Ursache, welche das Telephon verhindert, die Compensation bei nicht identischen Verhältnissen durch völliges Schweigen anzuzeigen. Aus ihnen erklärt sich auch die Aenderung der Klangfarbe der Telephontöne, welche bei der Störung des Stromgleichgewichts durch magnetische Körper am meisten hervortritt.

Bei der Compensation durch Metalle muss man sich demnach mit der Vergleichung zweier Minima der Tonintensität begnügen und hat dann mit noch grösseren Schwierigkeiten zu kämpfen, als bei der Anwendung des Sonometers.

Fassen wir das Gesagte kurz zusammen, so ergiebt sich das Resultat:

1) Die Induktionswage in Verbindung mit dem Telephon zeigt eine sehr grosse Empfindlichkeit für die Störungen des Stromgleichgewichts durch induktionsfähige Körper. Deshalb kann sie mit Vortheil bei allen Untersuchungen angewandt werden, für welche der Nachweis der Störung allein ausreicht.

So genügt es z. B. dem Arzte zu wissen, ob aus der Schusswunde die Kugel entfernt ist oder nicht. In der That ist die Induktionswage in einem derartigen Falle schon gebraucht worden. Als der gefeierte Präsident der Vereinigten Staaten Nord-Amerika's, Garfield, infolge des Pistolenattentates schwer verwundet darnieder lag, versuchte man auf diese Weise die Lage der Kugel im Körper zu erforschen. Ein ausführlicher Bericht hierüber findet sich im Americ. Jour. of science 3. ser. Vol. XXV. 1883, dessen Titel in deutscher Uebersetzung etwa lautet: „Ueber die elektrischen Experimente zur Bestimmung der Lage der Kugel in dem Körper des verstorbenen Präsidenten Garfield: und über eine erfolgreiche Form der Induktionswage für die schmerzlose

Entdeckuug metallischer Massen in dem menschlichen Körper" von A. G. Bell.

2) **Untersuchungen, welche die genaue Kenntniss der Grösse der Stromgleichgewichtsstörung erfordern, lassen sich mit der Induktionswage und dem Telephon nach den Hughes'schen Methoden in der vorliegenden Form nicht ausführen, weil sie die Grösse der Störung mit genügender Sicherheit zu messen nicht gestatten.**

Daraus folgt natürlich, dass man gegründete Veranlassung hat, in die Sicherheit der von Hughes für die verschiedenen Metalle aufgestellten Reihe erhebliche Zweifel zu setzen.

Dritter Theil.
Die Induktionswage in Verbindung mit dem Elektrodynamometer.

§. 8.

Ueber die gebrauchten Apparate.

Will man mit der Induktionswage auf andere, als die von Hughes angegebene Weise den Einfluss inducirbarer Körper auf die Induktion untersuchen, so kommen wegen der Wechselströme bei der Thätigkeit der Induktionswage noch zwei Apparate in Betracht, mit welchen die durch die eingeschalteten Körper hervorgebrachten Stromgleichgewichtsstörungen bestimmt werden können, nämlich das Galvanometer in Verbindung mit einem Disjunktor und das Elektrodynamometer. Von denselben war das letztere zu wählen, weil sich, wie schon in der Einleitung hervorgehoben wurde, der Anwendung des Galvanometers in Verbindung mit einem Disjunktor sehr grosse mechanische Schwierigkeiten entgegenstellen. Es stand mir ein von Siemens und Halske in Berlin bezogenes Elektrodynamometer zur Verfügung, über dessen Construktion cf. Elektrotechnische Zeitschrift 2. p. 14.

Es war dann noch ein kräftiges Induktorium erforderlich, welches auf folgende Weise hergestellt wurde. Auf eine Hülse aus starker Pappe von 42 mm Durchmesser und 40 cm Länge waren $16^1/_2$ Lagen von 0,5 mm starkem, isolirtem Kupferdraht gewickelt. In die Hülse wurde ein Bündel Eisenstäbe gesteckt, welches mit drei Lagen isolirten Kupferdrahtes von 1 mm Stärke umwickelt war. Der Eisenkern mit dem Kupferdraht füllte den Hohlraum der Hülse ganz aus. Als Stromunterbrecher diente wieder der Bernstein'sche Apparat. Für das Gelingen von Untersuchungen mit der Induktionswage und dem Elektrodynamometer ist die regelmässige Thätigkeit des Unterbrechers erste Bedingung. Wenn sich an der Unterbrechungsstelle starke Funken bilden, so wird dadurch die constante Ablenkung der beweglichen Elektrodynamometerrolle verhindert. Die Rolle geräth in unregelmässige Zuckungen und die Beobachtung der Skalentheilstriche im Spiegel ist unmöglich. Ich schwächte deshalb den Unterbrechungsfunken in der auf p. 14. angegebenen Weise ab. Ausserdem gebrauchte ich stets mit Salzsäure gereinigtes Quecksilber, welches nach etwa einstündigem Gebrauche jedesmal erneuert wurde. Unterlässt man die Erneuerung, so kann eventuell eine Fehlerquelle dadurch entstehen, dass infolge der Verbrennung des Quecksilbers durch den Unterbrechungsfunken sich auf demselben eine Oxydschicht bildet, und so der Widerstand in dem inducirenden Stromkreise zunimmt. Die gute Funktion des Unterbrechers giebt sich sofort daran zu erkennen, dass die Ablenkungen der beweglichen Elektrodynamometerrolle völlig constant sind.

§. 9.
Versuche mit zwei Rollen: Versuchsanordnung und Beobachtungsresultate.

Zunächst mag die Versuchsanordnung beschrieben werden, nach welcher unter Anwendung des Elektrodynamometers die inducirende Wirkung einer Rolle auf eine andere selbst, sodann ihre Modifikation durch die Gegenwart inducirbarer Körper in dem Induktionsbereich der Rollen beobachtet und gemessen werden kann. Ich bediente mich der Sonometerrollen, weil sie mehr Windungen enthielten, als die Rollen der Induktionswage. Sie wurden von dem Stabe des Sonometers abgenommen, auf Unterlagen aus Holz befestigt und einander coaxial gegenübergestellt. Herr Prof. Oberbeck schlug nun die in Fig. 8. schematisch dargestellte Versuchsanordnung vor. Der Strom der Kette K geht durch den Unterbrecher U, die Magnetisirungsspirale des Eisenkernes im Induktorium J und durch die Induktionsrolle A. Von dem einen Pole M des Induktoriums geht die Leitung durch die festen Rollen DD des Elektrodynamometers, durch den Widerstandskasten W und nach dem anderen Pole N zurück. Die Induktionsrolle B ist mit der beweglichen Rolle E des Elektrodynamometers verbunden. Es entstehen so drei Stromkreise, welche, wie in der Figur angedeutet, mit I, II und III bezeichnet werden mögen. Bei G befindet sich ein Commutator, um die Ablenkungen von E nach beiden Seiten beobachten zu können.

Aendert man im Kreise II vermittels des bei W eingeschalteten Stöpselkastens den Widerstand des Stromkreises, der w_1 sei, so kann man die Ablenkungen α durch Berechnung der Produckte αw_1 oder αw_1^2 verfolgen. Wie das geschieht, soll am Schlusse der Arbeit angegeben werden. Ich habe die Rechnung durchgeführt für die Produkte αw_1.

In den folgenden Tabellen werden die Beobachtungen wiedergegeben, welche über die Induktionswirkung der Rollen allein, sodann ihre Modifikation durch zwei annähernd gleich grosse Scheiben aus Kupfer und Eisen und durch eine Rolle aus Kupferdraht angestellt wurden. Die bei den Beobachtungen gebrauchte Kette bestand aus drei Daniell'schen Elementen. Die Lamelle des Stromunterbrechers AB in Fig. 7. hatte eine durchschnittliche Dicke von 0,57 mm und der vibrirende Theil AD eine Länge von 60 mm. Der Abstand der Rollen *A* und *B* Fig. 8. betrug, zwischen den innern Grenzflächen gemessen, 70 mm. Zur Aenderung des Widerstandes im Kreise *II* wurden die Widerstände der Rollen *DD* und der Induktionsrolle *MN* des Induktoriums mittels der Wheatstone'schen Brücke unter Anwendung eines Daniell gemessen. Für die ersteren ergaben sich 208,5 *S. E.*, für die letztere 150 *S. E.* Vermittels des bei *W* eingeschalteten Widerstandskastens wurde w_1 auf 420 *S. E.* abgerundet und dann bei jeder weiteren Beobachtung um 210 *S. E.* vermehrt. Es wurden stets die Ausschläge der beweglichen Rolle nach rechts und links abgelesen und die Differenzen genommen, so dass unter α die doppelten Ablenkungen angegeben sind. Jede Reihe wurde zweimal beobachtet, und aus beiden Beobachtungen das Mittel genommen. Die Columne αw_1 enthält die Produkte aus den Ablenkungen und den Widerständen. Der Faktor 210, welcher sämmtlichen αw_1 zukommt, ist der Uebersichtlichkeit wegen fortgelassen. Es wurden für jede Tabelle 6 Werthe α beobachtet und aus dem ersten, dritten und fünften αw_1 die übrigen berechnet. Die Beobachtungen wurden mit Skala und Fernrohr ausgeführt, und betrug der Abstand der Skala vom Spiegel 2,5 m. Die Scheiben wurden coaxial in die Mitte zwischen beiden Rollen gestellt. Sie hatten einen Durchmesser von 250 mm und eine durchschnittliche Dicke von 0,95 mm.

Tabelle I.
Die Rollen A und B allein.

w_1	α	αw_1 beobachtet	berechnet	αw_1^2
420	680	1360		2720
630	285,5	856,5	857,0	2569,5
840	148	592		2368
1050	84,5	422,5	428,6	2112,5
1260	53	318		1908
1470	34	238	238,0	1666

Tabelle II.
Die Kupferscheibe zwischen den Rollen.

w_1	α	αw_1 beobachtet	αw_1 berechnet	αw_1^2
420	825	1650		3300
630	419	1257	1253,0	3771
840	261	1044		4176
1050	181,5	907,5	901,5	4537,5
1260	138	828		4968
1470	106,5	745,5	765	5218,5

Tabelle III.
Die Eisenscheibe zwischen den Rollen.

w_1	α	αw_1 beobachtet	αw_1 berechnet	αw_1^2
420	281,5	763		1526
630	196	588	585,1	1764
840	123	492		1968
1050	87	435	436,5	2175
1260	66	396		2376
1470	52	364	391,3	2548

Tabelle IV.
Eine in sich geschlossene Rolle aus Kupferdraht zwischen den Rollen, (die dritte Sonometerrolle).

w_1	α	αw_1 beobachtet	αw_1 berechnet	αw_1^2
420	486	972		1944
630	258	774	774,8	2322
840	163	652		2608
1050	112	560	570,5	2800
1260	85,5	513		3078
1470	67	469	470,3	3283

Aus den Tabellen geht hervor, dass die Kupferscheibe die Induktion verstärkte, die Eisenscheibe und die Rolle aber erheblich schwächte. Die berechneten αw_1 stimmen, von den letzten Werthen der Tabellen II und III abgesehen, ziemlich gut überein. In diesen beiden Fällen dürfte die Abweichung der Beobachtung von der Berechnung durch eine Störung in der Funktion der Apparate veranlasst worden sein, ausserdem kommt bei der Eisenscheibe noch die Veränderlichkeit der Magnetisirungsfunktion in Betracht.

Um zu ermitteln, ob Eisenplatten in senkrechter Stellung zur Rollenaxe an allen Stellen des Induktionsbereichs eine schwächende Wirkung auf die Induktion ausüben, brachte ich zwischen die Rollen Ringe, die aus Eisenblech von 0,35 mm Dicke geschnitten waren. Der Abstand der Rollen betrug wieder 70 mm. Mitten zwischen dieselben wurden die Ringe gestellt, sodass die Ringaxe mit der Rollenaxe zusammenfiel. Die Breite der Ringe war so gewählt, dass der äussere Radius eines jeden an den innern des nächst grösseren sich anschloss. Es genügt also zur Kenntniss der Grösse der Ringe die Angabe des äusseren Radius r. Während bei den Rollen allein die doppelte Ablenkung α 627,5 Skalentheile betrug, ergab sich nach Zwischenstellung der einzelnen Ringe für α folgendes:

r in mm	—	125	95	65	50	35	22,5
α	627,5	632	618	617,5	614,5	621	625,5

Bezeichnet man die Verstärkung der Induktion mit $+$, die Schwächung mit $-$, so folgen für die einzelnen Ringe die Wirkungen:

r	125	95	65	50	35	22,5
	$+4,5$	$-9,5$	-10	-13	$-6,5$	-2

4

Demnach überwog bei dem ersten Ringe die elektrische Induktion den inducirten Magnetismus, bei den übrigen war es umgekehrt.

§. 10.
Compensationsversuche.

Die Anordnung, welche bei den Compensationsversuchen zu treffen ist, unterscheidet sich nur wenig von derjenigen in Fig. 8. In den Kreis I ist nur noch eine inducirende Rolle C einzuschalten, welche die Induktion von A auf B compensirt. Wir erhalten so das Schema in Fig. 9., in welchem alles Uebrige ebenso wie in Fig. 8. angeordnet bleibt. Durch die Rollen A und C muss der inducirende Strom in entgegengesetztem Sinne hindurchgehen.

Ich bediente mich auch bei diesen Versuchen der Sonometerrollen, welche wie früher auf Unterlagen aus Holz befestigt wurden und in beliebiger Entfernung von einander aufgestellt werden konnten. Durch das Einschalten der Compensationsrolle wurde der Widerstand im Kreise I aber so gross, dass unter den in §. 9. angegebenen Umständen die Induktion von A auf B allein eine Ablenkung von nur noch 315 Skalentheilen ergab, eine Wirkung, welche sich für die Erreichung einer genügenden Empfindlichkeit der Induktionswage nach der Compensation als viel zu gering erwies. Indessen bewirkte weder das Einlegen von Eisenkernen in die Rollen, noch die Aenderung der Anzahl der Stromunterbrechungen in der Zeiteinheit und ähnliche Mittel eine wesentliche Verstärkung des Effektes. Der Versuch, durch einen grösseren Widerstand in der Zweigleitung des Stromunterbrechers den Verlust an Stromintensität im inducirenden Kreise zu vermindern und dadurch eine grössere Ablenkung zu erzielen, scheiterte an der zu hohen Intensität des Unterbrechungsfunkens. Obwohl nach solchen Resultaten die Anwendung einer stärkeren Kette sehr wenig Hoffnung auf Erfolg bot, weil man von derselben naturgemäss auch eine höhere Intensität des Unterbrechungsfunkens erwartet, so ersetzte ich die drei bisher gebrauchten Daniell'schen Elemente durch vier Bunsen'sche und variirte wiederum den Widerstand der Zweigleitung. Da stellte sich denn heraus, dass der Funken trotz des starken Stromes sehr wohl in der erforderlichen Weise abgeschwächt werden kann, ohne dass dadurch ein zu grosser Stromverlust bedingt ist. Die Stösse des Funkens verlieren eben ihr acutes Wesen durch eine passende Zweigleitung des Unterbrechers vollständig, und die Ablenkung der beweglichen Elektrodynamometerrolle wird völlig constant. Gleich bei der ersten Beobachtung betrug α jetzt — also bei 70 mm Abstand der Rollen A und B, Anwendung von vier Bunsen'schen Elementen und nach Einschaltung von Rolle C — 688 Skalentheile, gegen die frühere Ablenkung 315. Wie gross der Widerstand der Zweigleitung in jedem Falle zu nehmen ist, richtet sich nach der Stärke der Kette. Es ist aber besonders mit Zuhilfenahme eines Siemens'schen Widerstandskastens sehr leicht, die richtige Wahl zu treffen. Die Stärke des zur Zweigleitung angewendeten Neusilberdrahtes war 0,15 mm.

Man ersieht aus dem Vorhergehenden die schon einmal hervorgehobene Thatsache, dass für das Gelingen von Untersuchungen mit der Induktionswage und dem Elektrodynamometer die gute Funktion des Stromunterbrechers unerlässlich ist.

Was den Compensationspunkt betrifft, so ist das Auffinden desselben mit dem Elektrodynamometer sehr mühsam und zeitraubend. Nicht ein einziges Mal gelang es mir, mit diesem Apparate die vollständige Compensation zwischen den Induktionen AB und CB Fig. 9. zu constatiren, und zwar aus dem gleich zu erörternden Umstande. Ich schaltete deshalb zunächst anstatt der Rolle E das Telephon in den Kreis III ein, ohne aber sonst etwas an der Anordnung zu ändern, und stellte in der früheren Weise das Stromgleichgewicht her, bis das Telephon schwieg. Nachdem dann wieder die bewegliche Elektrodynamometerrolle mit *B* verbunden war, zeigte dieselbe eine Ablenkung aus der Ruhelage 516 bis 502. Beim Umlegen des Commutators schwankte *E* infolge der Umkehrung der Stromesrichtung im Kreise III um etwa vier Skalentheile unregelmässig hin und her, kehrte aber bei mehreren Versuchen, auch nach wiederholtem Umlegen des Commutators, stets auf 502 zurück. Das war also in diesem Falle der Compensationspunkt auf der Skala. Dass Zurückkehren auf denselben Theilstrich fand natürlich nicht statt, wenn die Compensation mit dem Telephon nicht ganz genau ausgeführt worden war, vielmehr stellten sich entsprechend grosse Differenzen heraus (z. B. 506—498.2).

Dass der Compensationspunkt mit der Ruhelage der beweglichen Elektrodynamometerrolle nicht zusammenfiel, dürfte sich daraus erklären, dass die elektrodynamische Wechselwirkung der beiden festen und der beweglichen Rolle nicht ganz frei von Induktion war. Wurde nämlich nach Ausschaltung von Rolle *B* aus Kreis III die Rolle *E* in sich geschlossen, so zeigte sie eine Ablenkung von 6 Skalentheilen. Eine Fehlerquelle für die Beobachtungen erwächst daraus aber nicht, weil, wie ich vielfach zu beobachten Gelegenheit hatte, der Compensationspunkt mit der Mitte der Differenz der Ausschläge nach rechts und links zusammenfällt.

§. 11.
Die Methoden, die Grösse der Stromgleichgewichtsstörungen zu messen, und einige Anwendungen.

Die Grösse der Stromgleichgewichtsstörung durch inducirbare Körper kann man nun auf dreifache Weise ermitteln.

I. Die erste und einfachste Methode besteht darin, dass man den Körper, dessen störender Einfluss bestimmt werden soll, in den Induktionsbereich der Rollen *A* und *B* oder *C* und *B* Fig. 9. führt und mit Skala und Fernrohr die Ablenkung der beweglichen Rolle des Elektrodynamometers beobachtet. Variirt man dabei wieder den Widerstand im

Kreise II Fig. 9., so können auch hier die Beobachtungen nach der unten folgenden Rechnung controllirt werden. Zwischen die Rollen *A* und *B* stellte ich die bei Beobachtung der Tabelle II auf p. 24. gebrauchte Kupferplatte. Der Abstand von *A* und *B* war 20 mm, der von *C* und *B* 24 mm. Bei diesem und allen folgenden Versuchen wurde eine Kette von vier Bunsen'schen Elementen gebraucht. Der Widerstand des Kreises II wurde auf 360 $S.$-$E.$ abgerundet und bei sechs Beobachtungen jedesmal um 180 $S.$-$E.$ vergrössert. In der folgenden Tabelle schreiten also auch, wie oben, die Werthe w_1 nach dem Verhältniss $2:3:\ldots:7$ fort, sodass die unten aufgestellten Formeln für die Berechnung der zweiten, vierten und sechsten Beobachtung aus den drei übrigen sogleich gebraucht werden können. Anstatt des obigen Faktors 210 bleibt also diesmal 180 bei den Produkten αw_1 unberücksichtigt. Es ergab sich:

w_1	α	αw_1 beobachtet	berechnet
360	453	906	.
540	449	1347	1350,6
720	383	1532	.
900	326	1630	1628,0
1080	281	1686	
1260	246	1722	1724,9

Beobachtung und Berechnung stimmen also wieder ziemlich gut überein.

Um den Einfluss verschiedener Massen desselben Metalles zu beobachten, stellte ich Versuche an mit Stanniolblättern. Die einzelnen Blätter hatten rechteckige Form von 350 mm und 250 mm Seitenlänge, so dass man sie im Vergleich zu den Rollen als sehr gross ansehen kann. Sie wurden zwischen Glasplatten gepresst und so zwischen die Rollen *C* und *B* gebracht, dass der Schnittpunkt der Diagonalen mit der Rollenaxe zusammenfiel, und ihre Ebene zu derselben senkrecht war. Der Abstand der Rollen B und C betrug 15 mm, der von A und B 20 mm. In der Tabelle über die Beobachtungen sind unter n die Anzahl der Stanniolblätter, unter α' die Ablenkungen angegeben, welche ein Stanniolblatt im Durchschnitt bewirkt, wenn 10, 20, 30 u. s. f. um dasselbe vermehrt werden. Die Ablenkungen nehmen ab mit dem Wachsen der Anzahl derjenigen Blätter, zu welchen das eine hinzugefügt wird.

n	α	α'
10	73	7,30
20	144	7,20
30	210	7,00
40	264	6,60
50	320	6,40
60	367	6,11
70	409	5,84
80	441	5,51
90	469	5,21
100	491	4,91

Die bei diesem Versuche angewendeten Stanniolblätter waren nicht alle absolut gleich; 10 Blätter, welche beliebig aus den 100 genommen waren, wogen 105,8 gr., 10 andere 102,65 gr.

Um eine vergleichende Reihe über den Einfluss der verschiedenen Metalle auf die Induktion aufzustellen, muss man aus ihnen Körper von gleicher Form und Grösse zur Verfügung haben und alle in dieselbe Stellung zu den Rollen bringen. Bisher ist es mir noch nicht gelungen, das für diesen Zweck erforderliche Material in geeigneter Beschaffenheit zu erhalten. Einige Beobachtungen aber, welche ich in Betreff dieses Punktes angestellt habe mit Metallen, wie sie im Handel vorkommen, dürften der Mittheilung werth sein. Von drei Scheiben aus Kupfer, Zinn und Blei brachte ich zuerst je eine, sodann je zwei, zuletzt alle drei zwischen die Rollen *A* und *B*. Die Scheiben hatten 90 mm Durchmesser und eine durchschnittliche Dicke von 3 mm. Nach Herstellung des Stromgleichgewichtes war der Abstand der Rollen *A* und *B* = 40 mm, *C* und *B* = 37 mm, und es ergaben sich für die Verstärkung der Induktion *AB* durch die conaxial in die Mitte der Rollen gestellten Scheiben folgende Ablenkungen:

I.

Cu	*St*	*Pb*
108	169	122

II.

B	*Cu St*	*Cu Pb*	*St Pb*	*A*
	108	147	214

III.

B	*Pb St Cu*	*St Cu Pb*	*Cu Pb St*	*A*
	70	67	88

Bei den Beobachtungen II und III wurden die Scheiben in der Reihenfolge der chemischen Zeichen zwischen die Rollen *B—A* gebracht und durch Zwischenlagen von Papier von einander isolirt. Die Combinationen mehrerer Metalle verstärkten demnach, von *St Pb* in II abgesehen, die Induktion *AB* weit weniger, als die Metalle allein. Die gleichen Beobachtungen von einem anderen Tage weisen zwar andere absolute Werthe für die Verstärkungen an sich auf, aber dieselben Resultate bezüglich der Verstärkung der Induktion.

Die Ablenkungen unter I hatten sich ergeben bei der Stellung der Scheiben in der Mitte zwischen den Rollen; als ich sie dicht an die inducirende und Induktionsrolle stellte, waren die Verstärkungen der Induktion *AB*:

	an A	an B
Cu	185	181
St	211	164
Pb	144	109

Der Einfluss von Flüssigkeiten auf die Induktion, z. B. von Säuren und Salzlösungen, kann gleichfalls leicht untersucht werden, wenn man dieselben in geeigneten Gefässen zwischen die Rollen bringt. Beobachtungen nach dieser Richtung hin habe ich in eingehender Weise noch nicht angestellt.

II. Bei der zweiten Methode, die Störung des Stromgleichgewichts zu messen, kommt die Hughes'sche Idee zum Ausdruck, eine Störung direkt durch Metall zu compensiren. Dass und weshalb dieselbe bei Anwendung des Telephons nicht durchführbar war, habe ich oben hervorgehoben; beim Elektrodynamometer gelingt die Compensation sehr gut.

Ich versuchte die Störung einer Kupferscheibe von 1,3 mm durchschnittlicher Dicke und 50 mm Durchmesser, welche conaxial zwischen die Rollen A und B gebracht war, zu compensiren. Durch ihren Einfluss war die Induktion $AB > CB$ geworden, wie die Ablenkung der beweglichen Elektrodynamometerrolle zeigte. Die Rückkehr der letzteren in die Compensationslage konnte nun entweder durch Schwächung von AB oder Verstärkung von CB bewirkt werden, wozu magnetische oder nichtmagnetische Metalle die Mittel an die Hand gaben. Ich versuchte CB vermittels Stanniolblätter zu verstärken.

Bezeichnet man wieder eine Verstärkung der Induktion AB mit $+$, eine Schwächung mit $-$, so ist wegen Beobachtung der doppelten Ablenkungen auf den Zeichenwechsel zu achten, welcher eintritt, wenn etwa $\overline{AB} < \overline{CB}$ wird. Ich markirte deshalb die Stellungen des Commutators nach rechts und links und erhielt die folgenden Beobachtungen:

	Ablenkung nach rechts	Ablenkung nach links	Diff.	$\overline{AB}$
Kupferscheibe und	545	397	148	+ 148
21 Stann. Bl.	463	479	16	— 16
23 „ „	459	483	24	— 24
19 „ „	469	474	5	— 5
18 „ „	472	470	2	+ 2
17 „ „	477	466	11	+ 11

Demnach würden 18 Stanniolblätter plus einem Bruchtheil des 19. für die Compensation der Kupferscheibe erforderlich sein.

Ebenso habe ich noch eine Eisenscheibe von 0,35 mm Dicke und 50 mm Durchmesser zu compensiren versucht. Dieselbe wurde zwischen die Rollen B und A gebracht, in gleicher Weise auch die Stanniolblätter, welche die schwächende Wirkung der Eisenscheibe durch ihren verstärkenden Einfluss aufheben sollten. Die Beobachtung ergab die folgende Tabelle:

	Ablenkung nach rechts	Ablenkung nach links	Diff.	$\overline{AB}$
Eisenscheibe und	436	520	84	— 84
11 Stann. Bl.	474	482	8	— 8
9 „ „	469	488	19	— 19
12 „ „	478,5	478	0,5	+ 0,5
16 „ „	486	470	16	+ 16

Aus beiden im Original wiedergegebenen Tabellen ist ersichtlich, dass das Compensiren mit Abwägen eine gewisse Aehnlichkeit hat. Daher der Name „Induktionswage". Diese

Methode ist zwar nicht so ganz bequem, als die erste; sie hat vor ihr aber den Vorzug, dass ihre Resultate von den variablen Bedingungen der Versuchsanordnung unabhängig sind, wenn man irgend ein Metall in geeigneter Form als Normal-Compensationsmetall anwendet.

III. Die dritte Methode würde darin bestehen, dass man die erforderliche Schwächung oder Verstärkung der Induktion durch Aenderung der Entfernung der Rollen bewirkt, bis die bewegliche Elektrodynamometerrolle wieder auf den Compensatiouspunkt zurückgekehrt ist. Die Methode dürfte sich aber weniger empfehlen, weil die Rollenverschiebungen verhältnissmässig klein ausfallen und deshalb ein bequemes Maass für die Grösse der Störung nicht abgeben.

§. 12.

Theorie der Versuchsanordnung und Controlle der nach der ersten Methode ausgeführten Beobachtungen durch Rechnung.

Die Anleitung zur Theorie der Versuchsanordnungen in Fig. 8. und 9., aus welcher sich auch die Controlle für die Sicherheit der nach der ersten Methode ausgeführten Beobachtungen sofort ergiebt, hat mir Herr Prof. Oberbeck angegeben. Die Rechnung gestaltet sich folgendermaassen:

Bezeichnet man die Intensität des Stromes im Kreise I mit J, das elektromagnetische Potential des Eisenkernes auf die Induktionsspirale des Induktoriums mit Q, so ist die elektromotorische Kraft des Induktoriums:

$$Q \frac{dJ}{dt}$$

Bezeichnet man ferner die Stromstärke, das Potential und den Widerstand des Kreises II mit i_1, p_1 und w_1, so gilt für ihn die Gleichung:

$$w_1 i_1 + p_1 \frac{di_1}{dt} = Q \frac{dJ}{dt} \qquad (1).$$

Die Periodicität des Stromes im Kreise I kann dadurch ausgedrückt werden, dass man setzt:
$$\frac{dJ}{dt} = \cos \lambda t.$$

Dann hat man für λ, jenachdem die Dauer T oder die Anzahl n der Stromunterbrechungen in der Zeiteinheit berücksichtigt werden soll, die Werthe zu nehmen:
$$\frac{2\pi}{T} \text{ oder } n\pi.$$

Aus Gleichung (1) folgt für den Strom des Kreises II:
$$i_1 = \frac{Q}{w_1^2 + \lambda^2 p_1^2} \left\{ w_1 \cos \lambda t + \lambda p_1 \sin \lambda t \right\} \quad (2).$$

Bei den entsprechenden Bezeichnungen besteht für den Strom des Kreises III die Gleichung:
$$w_2 i_2 + p_2 \frac{di_2}{dt} = Q' \frac{dJ}{dt} \quad (3),$$

wo Q' das Potential der Rollen A und B aufeinander bedeutet. Daraus folgt:
$$i_2 = \frac{Q'}{w_2^2 + \lambda p_2^2} \left\{ w_2 \cos \lambda t + \lambda p_2 \sin \lambda t \right\} \quad (4).$$

Die Ausdrücke für i_1 und i_2 gelten für den Fall, dass beide Wechselströme dem Gesetze der Sinusschwingungen folgen. Wird diese Voraussetzung nicht erfüllt, so hat man ihnen die allgemeinere Form zu geben:
$$i_1 = \sum_{m=1}^{\infty} \frac{Q_m}{w_1^2 + m^2 \lambda^2 p_1^2} \left\{ w_1 \cos \lambda t + m \lambda p_1 \sin \lambda t \right\} \quad (5),$$

$$i_2 = \sum_{m=1}^{\infty} \frac{Q'_m}{w_2^2 + m^2 \lambda^2 p_2^2} \left\{ w_2 \cos \lambda t + m \lambda p_2 \sin \lambda t \right\} \quad (6).$$

Demnach erhält man für die elektrodynamische Wechselwirkung der beiden Ströme auf einander, welche proportional ist mit:

$$\frac{1}{T}\int_0^T i_1 i_2 dt,$$

den Ausdruck:

$$\alpha = \sum_{m=1}^{\infty} \frac{Q_m Q'_m (w_1 w_2 + m^2 \lambda^2 p_1 p_2)}{(w_1^2 + \lambda^2 m^2 p_1^2)(w_2^2 + m^2 \lambda^2 p_2^2)} \qquad (7).$$

Zur Abkürzung möge sein:

$$\frac{w_2 Q_m Q'_m}{w_2^2 + m^2 \lambda^2 p_2^2} = G_m, \quad \frac{m^2 \lambda^2 p_1 p_2 Q_m Q'_m}{w_2^2 + m^2 \lambda^2 p_2^2} = H_m;$$

$$\lambda p_1 = \varkappa,$$

wo G und H Constante sind.

Dann wird durch Substitution:

$$\alpha = \sum_{m=1}^{\infty} \frac{w_1 G_m + H_m}{w_1^2 + m^2 \varkappa^2}$$

$$= \sum_{m=1}^{\infty} \left\{\frac{1}{w_1} G_m + \frac{1}{w_1^2} H_m\right\} \frac{1}{1 + \frac{m^2 \varkappa^2}{w_1^2}}$$

$$= \sum_{m=1}^{\infty} \left\{\frac{1}{w_1} G_m + \frac{1}{w_1^2} H_m\right\} \left\{1 - \frac{m^2 \varkappa^2}{w_1^2} + \frac{m^4 \varkappa^4}{w_1^4} \cdots\right\}$$

oder, wenn man Glied für Glied multiplicirt:

$$= \frac{1}{w_1} \sum G_m + \frac{1}{w_1^2} \sum H_m - \frac{\varkappa^2}{w_1^3} \sum m^2 G_m$$

$$- \frac{\varkappa^2}{w_1^4} \sum m^2 H_m + \frac{\varkappa^4}{w_1^5} \sum m^4 G_m + \frac{\varkappa^4}{w_1^6} \sum m^4 H_m \ldots$$

Für die Produkte αw_1 und αw_1^2 findet man also Reihen von der Form:

$$\alpha w_1 = A + \frac{1}{w_1} B - \frac{1}{w_1^2} C - \frac{1}{w_1^3} D + \ldots \qquad (8).$$

$$\alpha w_1{}^2 = w_1 A + B - \frac{1}{w_1} C - \frac{1}{w_1{}^2} D + \ldots \quad (9).$$

wo wieder A, B, $C\ldots$ constante Grössen sind. Mit ihrer Anwendung kann man aus zwei Beobachtungen eine dritte, aus dreien eine vierte und so weiter berechnen und Rechnung und Beobachtung vergleichen. Begnügt man sich mit drei Constanten, welche schon ein befriedigend genaues Resultat ergeben, so ist der Gang der Rechnung folgender:

Der Widerstand des Kreises II möge nach einander die Werthe w_1, w_2, w_3, w_4 gehabt haben, wobei die entsprechenden Ablenkungen α_1, α_2, α_3, α_4 beobachtet wurden. Dann bestehen nach (8) die Gleichungen:

$$A + \frac{1}{w_1} B - \frac{1}{w_1{}^2} C = \alpha_1 w_1$$
$$A + \frac{1}{w_2} B - \frac{1}{w_2{}^2} C = \alpha_2 w_2$$
$$A + \frac{1}{w_3} B - \frac{1}{w_3{}^2} C = \alpha_3 w_3$$

Das sind drei Gleichungen zur Bestimmung dreier Unbekannten A, B und C. Setzt man die für dieselben berechneten Werthe ein in die Gleichung:

$$\alpha_4 w_4 = A + \frac{1}{w_4} B - \frac{1}{w_4{}^2} C,$$

so erhält man einen Werth, welcher der vierten Beobachtung, multiplicirt mit w_4, gleich sein muss.

Anstatt αw_1 kann man nach (9) auch $\alpha w_1{}^2$ berechnen.

Zur Berechnung der αw_1 in den obigen Fällen, in welchen die Widerstände $w_1 = 2.210\ldots = 7.210$ und $2.180\ldots$ 7.180 S.-E. genommen waren, hatten die Gleichungen die Form:

$$A + \tfrac{1}{2}B - \tfrac{1}{4}C = \alpha_1 w_1$$
$$A + \tfrac{1}{4}B - \tfrac{1}{16}C = \alpha_3 w_3$$
$$A + \tfrac{1}{6}B - \tfrac{1}{36}C = \alpha_5 w_5$$

wo $\alpha_1 w_1$, $\alpha_3 w_3$, $\alpha_5 w_5$ jedesmal den ersten, dritten und fünften Werth der Columnen αw_1 bedeutet. Für die zu berechnenden Produkte, nämlich das zweite, vierte und sechste, folgt daraus:

$$\alpha_2 w_2 = \tfrac{1}{6}(\alpha_1 w_1 + 8\alpha_3 w_3 - 3\alpha_5 w_5)$$
$$\alpha_4 w_4 = \tfrac{1}{50}(24\alpha_3 w_3 + 27\alpha_5 w_5 - \alpha_1 w_1)$$
$$\alpha_6 w_6 = \tfrac{1}{98}(3\alpha_1 w_1 + 135\alpha_5 w_5 - 40\alpha_3 w_3)$$

Die Constanten A, B, C haben die Werthe:

$$A = \tfrac{1}{2}(\alpha_1 w_1 + 9\alpha_5 w_5 - 8\alpha_3 w_3)$$
$$B = 32\alpha_3 w_3 - 5\alpha_1 w_1 - 27\alpha_5 w_5$$
$$C = 12(4\alpha_3 w_3 - \alpha_1 w_1 - 3\alpha_5 w_5)$$

Ihre absoluten Werthe in den obigen Fällen waren für die Tabellen des §. 9.:

No.	A	B	C
I	— 257	+ 3558	+ 648
II	+ 375	+ 2802	+ 504
III	+ 195,5	+ 1237	+ 204
IV	+ 186,5	+ 2153	+ 1146

für die Tabelle auf pag. 29:
$$A = +1912;\; B = -1028;\; C = +1968.$$

In dem Vorhergehenden ist die Frage noch nicht berührt worden, ob das Elektrodynamometer dem Telephon in der Fähigkeit, die Empfindlichkeit der Induktionswage zum Ausdruck zu bringen, gleichkommt. Die Frage kann direkt nicht entschieden werden, weil beide Apparate unter ganz verschiedenen Verhältnissen zur Funktion gebracht werden. Aus §. 10. aber geht hervor, dass der mit dem Elektrodynamometer zu erzielende Effekt sehr gesteigert werden kann durch Anwendung einer stärkeren Kette. Da ferner noch die Dimensionen des Induktoriums und die Windungszahl der

Drahtrollen in dieser Beziehung in Betracht kommen, so übersieht man, dass es nur eines grösseren Aufwandes von Material bedarf, wenn durch das Elektrodynamometer eine gleiche Empfindlichkeit der Induktionswage zur Geltung kommen soll, wie durch das Telephon.

Den Einfluss der Metalle auf die Induktion, „the comparative disturbing value" bei Hughes, bezeichnet Bertin als „coefficient d'induction spécifique". Dass derselbe von der Leitungsfähigkeit der Metalle — und der inducirbaren Körper überhaupt — für Elektricität im Wesentlichen abhängt, unterliegt wohl keiner Frage; ob er aber mit ihr völlig identisch ist, würde erst noch näher zu prüfen sein.

Bei der Ausführung der Versuche, welche in den §§. 9—11. beschrieben worden sind, habe ich die Sonometerrollen mit gewöhnlichen Utensilien des Laboratoriums in den gewünschten Stellungen befestigt. Da die Anordnungen aber viel Mühe und Zeit in Anspruch nehmen, so würde für die Einführung in die Praxis der Induktionswage eine geeignetere Form zu geben sein. Die Construktion einer solchen beschäftigt mich gegenwärtig noch, doch bin ich im Wesentlichen darüber schon orientirt.

Die vorliegende Arbeit möge hiermit ihren Abschluss finden. In derselben ist gezeigt worden, auf welche Weise Untersuchungen des Grades der Inducirbarkeit verschiedener Körper mit Erfolg ausgeführt werden können. Die Versuche, welche für die Arbeit erforderlich waren, wurden im physikalischen Laboratorium der Universität Halle angestellt. Herrn Geheimen Regierungs-Rath Prof. Dr. Knoblauch und besonders Herrn Prof. Dr. Oberbeck, welche die Mittel zur Construktion der gebrauchten Apparate gütigst zur Verfügung stellten und mich durch ihre freundlichen Rathschläge unterstützten, fühle ich mich zu aufrichtigem Danke verpflichtet.

Vita.

Johannes Ludovicus Bergmann natus sum Heiligenstadii, in urbe Eichsfeldiae, die X. Jan. h. s. anno LX. patre Andrea, matre Barbara e gente Bitter, de quibus superstitibus laetor. Fidei addictus sum catholicae. Per novem annos patriae urbis gymnasium frequentavi, quod tunc Friederico Grimme rectore florebat. Maturitatis examine superato h. s. anno LXXXI in almam academiam Halensem me contuli studiisque mathematicis, physicis, chemicis me dedi. Docuerunt me vv. ill. Cantor, Haym, Hertzberg, Knoblauch, Kraus, Lüdicke, Oberbeck, Rosenberger, Taschenberg, Volhard, Wangerin, Wiltheiss. Per plura semestria seminariis interfui et physico et mathematico; semestri quinto mihi contigit, ut opusculo a me conscripto certaminis literarii palma attribueretur.

Professoribus huius universitatis omnibus, quorum lectionibus mentem excolui, erudivi animum, summa gratia obstrictum me et habeo et semper habebo.

Thesen.

I.
Der von Crookes gemachten Annahme eines vierten Aggregatzustandes zur Erklärung der Erscheinungen sogenannter strahlender Materie ist nicht beizupflichten.

II.
Bei dem Studium der höheren Analysis empfiehlt es sich, stets die geometrische Anschauung mit der analytischen Behandlung zu verbinden.

III.
Der mathematische Unterricht auf dem Gymnasium muss seinen Abschluss finden mit dem Studium der Elemente der synthetischen Geometrie.

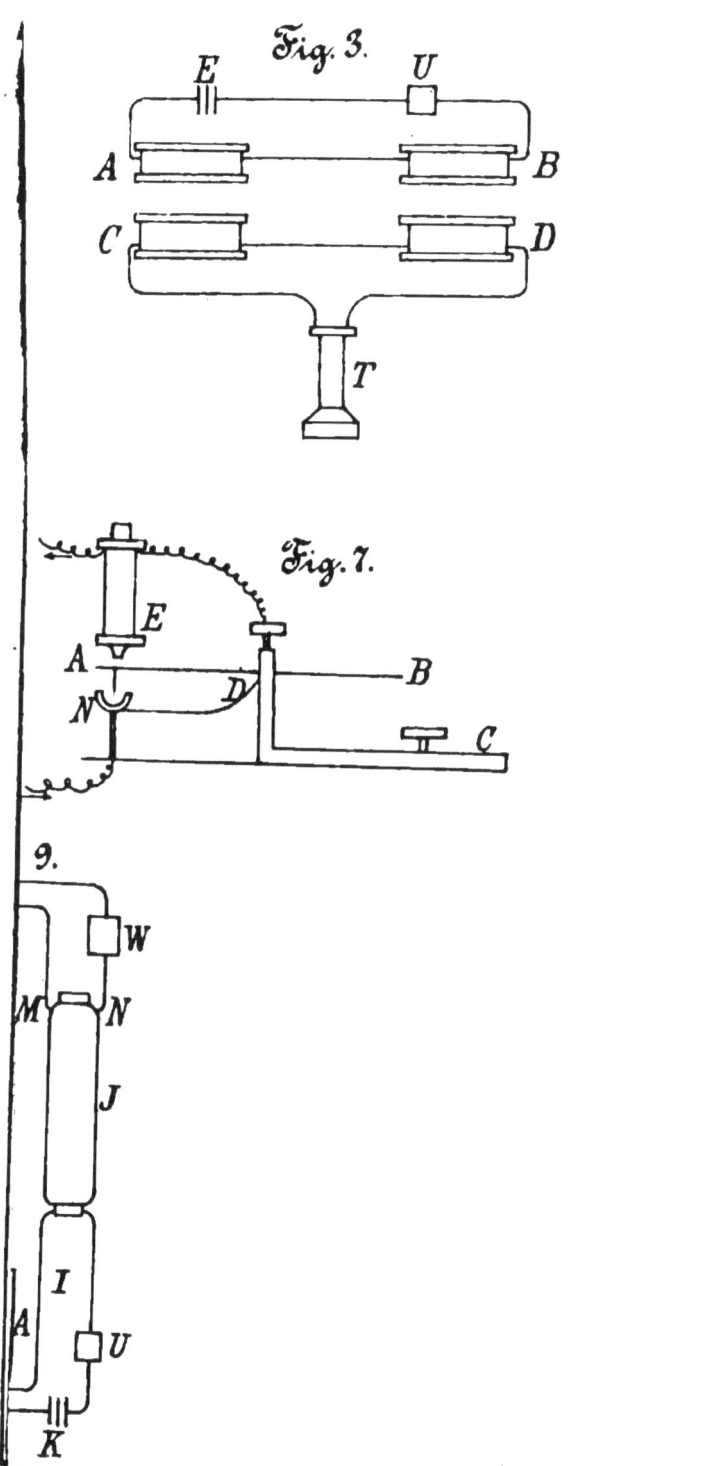